Physionomies Parisiennes

ACTEURS

ACTRICES

CHARLES MONSELET

DESSINS PAR E. LORSAY

PARIS
A. LE CHEVALIER, ÉDITEUR
RUE RICHELIEU, 61

1867

ACTEURS

ET ACTRICES

PARIS, IMPR. JOUAUST, RUE S.-HONORÉ, 338

Armand LE CHEVALIER, éditeur 61, rue Richelieu

PHYSIONOMIES PARISIENNES

Le Cocher — Le Journal et le Journaliste
Cocottes et petits crevés
Le filou — Les enfants — Le décoré — Le boutiquier
Acteurs et actrices
Le célibataire et l'homme marié — Restaurants
Gargottes et Caboulots
Le Boursier — Concierges et domestiques
Etc., etc.

AUTEURS

MM. TEXIER, H. MONNIER, J. NORTAG
X. FEYRNET, DE BELLOY
CHAVETTE, SIEBECKER, G. DROZ
ETC., ETC.

Volumes à 1 fr. imprimés en caractères elzéviriens sur papier de luxe

ILLUSTRÉS DE GRAVURES

PAR MM. BERTALL, CHAM, GREVIN, WORMS
ETC., ETC.

Paris. — Imprimerie L. POUPART-DAVYL, rue du Bac, 40.

Physionomies Parisiennes

ACTEURS
ET
ACTRICES

PAR

CHARLES MONSELET

DESSINS PAR E. LORSAY

PARIS
A. LE CHEVALIER, ÉDITEUR
RUE RICHELIEU, 61

1867

Tous droits réservés

SOMMAIRE.

—

UNE ÉVOCATION. — Darthenay. — Prodigieuse érudition théâtrale. — Dernier souvenir.

JE M'ADRESSE A ÉVARISTE. — Fais-toi comédien. — Le costume espagnol. — Tous les journalistes sont des ânes. — Pas d'amour !

FLORINE. — Une page de Balzac. — Ce qu'il en coûte pour être actrice. — Vie d'enfer.

DISSEMBLANCES. — Où se trouve le pittoresque.

ÉCOLE DE DANSE. — Le rat.

LE GRAND ACTEUR ONUPHRIUS. — Ne pas lire Olibrius. — Promenade du grand acteur. — Lecture d'un drame. — Le couteau de chasse. — Onuphrius dans le premier dessous.

LA PETITE ACTRICE BERNARDINE. — Lettre à une camarade de province. — Les agents dramatiques. — Engagement aux *Distractions théâtrales*. — Inauguration du théâtre. — *Les Fredaines du prince de Satin*.

TRAGÉDIENS ET TRAGÉDIENNES. — Songe effrayant. — Comédie-Française et Odéon mêlés.

Les acteurs retraités. — Irma Aubert. — Il n'y a personne d'indispensable. — A la porte! — Dans une baignoire.

Variations sur le même thème. — Elleviou, Saint-Prix, Geffroy, Chollet. — Vieille garde-robe.

Leurs cafés. — Le tremblement. — Dialogues entendus.

Leurs loges. — Les escaliers de théâtre. — Ameublement. — Détails de toilette. — Le régisseur. — Un autographe.

Leurs gens. — Adolphe. — Valet de chambre et premier invité. — Secrétaire au besoin.

Leurs directeurs. — Causerie avec Beaugency. — Avez-vous connu Nérestan? — Paradoxes et repentir. — Anecdotes. — La tourte du pâtissier.

Leurs professeurs. — Comment fais-tu quand tu dis *u*? — Ricourt et Boudeville. — Exercices de prononciation.

Thermomètre dramatique. — Fin.

ACTEURS
ET ACTRICES

UNE ÉVOCATION.

Au moment d'abandonner ce petit livre à son destin, je ne peux m'empêcher de songer à l'un de mes confrères qui l'aurait écrit bien mieux que moi s'il vivait encore, à Darthenay, l'homme-théâtre par excellence.

D'où vient que je revois fréquemment cette figure humble et bonne?

Lorsqu'il nous quitta, il y a plusieurs années (quelle vilaine pluie il faisait à son enterrement!), il avait *brillé* sous la Restauration. Le libraire Ladvocat le considérait, et la *Contemporaine* lui *décochait* quelques sourires.

Darthenay ne vécut que pour le théâtre; il connut tous les genres : le grand opéra, l'opéra-séria, l'opéra-comique, l'opéra-buffa, l'opérette, les traductions, les drames lyriques, les intermèdes, les ballets, les divertissements, les féeries, la comédie, la comédie mêlée de chant, le drame, le mélodrame, le mimodrame, la tragédie, la tragi-comédie, la pantomime, les vaudevilles, les revues, les pochades, les parades, les arlequinades, les cascades, les folies, les pièces de circonstance, les cantates, les anniversaires, les à-propos, les prologues d'ouverture.

Il s'assit à toutes les places, depuis les avant-scènes jusqu'aux bonnets d'évêque, depuis les premières loges de face jusqu'à l'amphithéâtre des troisièmes galeries; au parterre, à l'orchestre, au balcon, dans les baignoires, sur un strapontin, sur un tabouret, dans les coulisses, dans les corridors, voire dans le trou du souffleur.

Il fréquenta tous les directeurs : le baron Cès-Caupenne, qui portait une douillette, et Antony-Béraud, qui portait un habit bleu et des éperons; Ancelot, qui était de l'Académie, et Bouffé, qui était du Caveau; — que dis-je? de tous les caveaux.

Il aborda dans les parages les plus lointains et les plus inconnus : il découvrit le théâtre du Panthéon, et n'eut pas l'honneur de donner son nom au théâtre Beaumarchais. Les glaces le retinrent pendant trois mois à Bobino, où il fut environné des soins les plus touchants par le régisseur Clairville.

Il fut de tous les triomphes et de toutes les chutes, de toutes les pluies de bouquets et de toutes les averses de pommes cuites. Il vit des pièces plus fabuleuses que les chimères et des auteurs plus extraordinaires que les griffons. Il coudoya René Perrin, Draparnaud, Charles Hubert. Il vécut dans l'intimité d'artistes météores dont il n'est pas plus question aujourd'hui que des solendguses et des garagians, de Victor, qui balança la réputation de Talma, et de Mme Gougibus, qui précéda Mme Dorval. La petite Fonbonne l'appelait « mon bon ami », et il eut l'heur inespéré de recoller au célèbre Edmond son nez impérial, qui était tombé par terre.

Il vit Hippolyte Bonnelier jouer Orosmane. Il entendit siffler *la Nuit vénitienne* d'Alfred de Musset à l'Odéon, et applaudir *les Badouillards* de Siraudin au théâtre de la Porte-Saint-Antoine. Il assistait à la première représentation d'*Amaζampo, ou la Découverte du quinquina*, par M. Montigny. Il était à *Jean de Bourgogne* de M. Galoppe d'Onquaire, aux *Atrides* d'Arthur Ponroy, à *la*

Peste noire du vicomte d'Arlincourt, et au *Carrosse du Saint-Sacrement* de M. Prosper Mérimée.

Et il rendit compte de toutes ces choses honnêtement, sagement, benoîtement, sensément. Certes, oui, c'était à lui, à Darthenay, qu'il appartenait d'écrire *Acteurs et Actrices*. Il aurait apporté à ce léger travail son goût, sa mémoire, sa certitude, sa bienveillance. Au moins ai-je voulu placer son nom et son souvenir en tête de ces pages, qu'ils protégeront peut-être.

JE M'ADRESSE A ÉVARISTE.

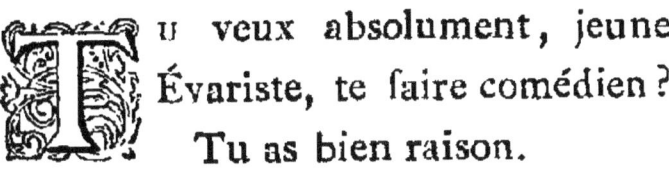u veux absolument, jeune Évariste, te faire comédien?
Tu as bien raison.

Tu es petit, tu es laid, tu parles du nez, tu marches mal, tu n'as qu'un geste; fais-toi comédien, Évariste.

Mais auparavant, écoute les conseils de l'amitié, et retiens-les, comme s'il s'agissait d'un rôle de *soixante* à *quatre-vingts*.

D'abord, garde-toi d'être modeste.

Sois convaincu, dès aujourd'hui, que tu es le plus grand, le plus beau, le plus fort, *le premier!*

Demain, tu seras persuadé que tu es LE SEUL !

Cette conviction est indispensable à ton avenir.

Pas d'études ! Reste l'enfant de la nature ; abandonne-toi à ton inspiration. On trouve souvent plus d'*effets* au fond d'une chope que dans toutes les leçons des professeurs du Conservatoire.

Ne lis rien.

La lecture enfante l'incertitude et l'hésitation.

Il est entendu, Évariste, que tu es apte à jouer tous les emplois, depuis les monarques jusqu'aux queues-rouges, depuis les têtes blanches jusqu'aux mentons imberbes, — les femmes même, au besoin.

Cette universalité est le propre de tous les grands artistes.

N'oublie pas de dire fréquemment que tu as fait une étude spéciale du *Misanthrope*. Cela impose aux multitudes.

Prends tes confrères, les autres acteurs, en grande pitié ! Souris lorsqu'on viendra à prononcer devant toi les noms de Lafont, de Samson, ou de toute autre réputation de même arine. — N'admets que Frédérick, parce qu'il ne joue plus.

Mais justement parce que tu es grand, sois bon, et ne dédaigne pas, de loin en loin, de faire une petite partie de besigue avec les pensionnaires de la Porte-Saint-Martin ou de l'Ambigu.

On t'en saura gré, Évariste.

Évariste, ne te gêne pas avec les auteurs.

Songe que tu ferais aussi bien qu'eux, si tu avais le temps.

Ces gens-là ne cherchent qu'à t'exploiter ; ne crains donc pas de leur demander tous les changements et tous les remaniements qui te plairont.

Le costume espagnol te va bien ; joue tout en costume espagnol : *Macbeth* et *Il faut qu'une porte soit ouverte ou fermée.*

Préfères-tu les bottes à gland et les redingotes à rotonde ? Les auteurs

ÉCOLE DE DANSE

Le Rat. (Page 28)

dérangeront pour toi leur drame ou leur comédie, plutôt que de ne pas être joués.

Quant au public, ne commets pas la faute de le respecter ou de le craindre ; il s'en apercevrait peut-être, et tu serais perdu à jamais.

Traite-le de haut, capricieusement. Dis toi : « Heureux public ! Il me voit, il m'entend, il m'admire ! Est-il bien digne, au moins, de son bonheur ?.... »

Fais quelque chose cependant pour les femmes, Évariste ; adopte quelques rôles à cuisse. Envoie de temps en temps ton regard fascinateur dans deux ou trois loges. Ce n'est pas être trop exigeant.

Apprends de bonne heure à mépriser les journalistes.

Ce sont tous des ânes.

Seulement, comme leur espèce est fort nuisible, consens à les saluer, lorsque tu es sûr que personne ne peut te voir. Va même chez eux le lendemain ou la veille des premières représentations; c'est une concession, je le sais bien, car, je peux te le dire en toute assurance : *aucun d'eux ne s'y connaît.* — Mais l'usage !

Suis ces conseils, ô jeune Évariste ! et tu verras venir à toi la gloire, la fortune, la considération, toutes choses qui font aujourd'hui de l'art du comédien un art exceptionnel et prestigieux.

Et tu parviendras, de succès en succès, à un âge extraordinaire.

Et tu dureras autant qu'un corbeau, qu'un préjugé ou qu'un *portant* de l'Odéon.

Car rien ne dure comme un vieil acteur.

Il dure sans cheveux, sans dents, sans voix, sans regard.

Et le public l'applaudit, uniquement parce qu'il dure.

Tu dureras, Évariste!

Et tu feras tous les ans, régulièrement, trembler Paris en annonçant ta retraite.

Mais tu ne te retireras jamais, Évariste; on te retirera.

FLORINE.

PRÈS avoir conseillé le jeune homme, conseillons la jeune fille.

Pour cela, il nous suffira de lui mettre sous les yeux une page d'*Une fille d'Ève*, de Balzac :

« Beaucoup de gens, séduits par le magnifique piédestal que le théâtre fait à une femme, la supposent menant la joie d'un perpétuel carnaval. Au fond de bien des loges de portiers, sous la tuile de plus d'une mansarde, de pauvres créatures rêvent, au retour du spectacle, perles et diamants, robes lamées d'or et cordelières somptueuses, se voient les chevelures illuminées, se supposent applaudies, achetées, adorées, enlevées ; mais toutes ignorent les réalités de cette vie de cheval de manége... Pendant chaque représentation, Florine change deux ou trois fois de costume, et rentre souvent dans sa loge, épuisée, demi-morte. Elle est obligée d'enlever à grand renfort de cosmétiques son rouge ou son blanc, de se dépoudrer si elle a joué un rôle du dix-huitième siècle. A peine a-t-elle eu le temps de dîner. Quand elle joue, une actrice ne peut ni se serrer, ni manger, ni parler. Florine n'a pas plus le temps de souper. Au retour de ces représentations qui, de nos jours, ferment le lendemain, n'a-t-elle pas sa toilette de nuit à faire, ses ordres à donner? Couchée à une ou deux heures du matin, elle doit se lever assez matinalement pour repasser ses rôles, ordonner ses costumes, les expliquer, les essayer; puis déjeuner, lire les billets doux, y répondre, travailler avec les entrepreneurs d'applaudissements.... Souvent Florine, pour aller cueillir bourgeoisement des fleurs à la campagne, est obligée de se dire malade. Ces occupations purement mécaniques ne sont rien en comparaison des intrigues à mener, des chagrins de la vanité blessée, des préférences accordées par les auteurs, des rôles enlevés ou à enlever, des malices d'une rivale, des tiraillements de directeurs, de journalistes, et qui demandent une autre journée dans la journée. Quant à la fortune, quelque considérables que soient les engagements de Florine, ils ne couvrent pas les dépenses des toilettes du théâtre, qui, sans compter les costumes, exige énormément de gants, de souliers, et n'exclut ni la toilette du soir ni celle de la ville. Le tiers de cette vie se passe à mendier, l'autre à se soutenir, le dernier à se défendre; tout y est travail. »

Il n'y a pas une ligne à retrancher de cette page, quoiqu'elle date de trente années.

Demandez plutôt à Mlle Schneider.

DISSEMBLANCES.

MALGRÉ cela, rien ne ressemble moins à un acteur qu'un autre acteur, à une actrice qu'une autre actrice. Des mondes, plus encore que des distances, séparent les Italiens des Menus-Plaisirs, et le Gymnase des Folies-Saint-Antoine. La vie de la Patti ne ressemble en rien à celle de la Boisgontier. et Régnier a une autre physionomie que Hamburger.

A tout chanteur, tout honneur. Les chanteurs d'opéra sont de gros messieurs qui touchent de gros appointements; mais peut-être n'est-ce pas chez eux qu'il faut chercher le pittoresque. Le pittoresque ne se rencontre guère que dans les théâtres de genre, où règne encore la tradition de Rosambeau.

Partout ailleurs, c'est-à-dire sur les scènes de premier ordre, les mœurs tendent à se régulariser, à s'uniformiser. Là, les comédiens sont organisés en sociétés : ils ont des présidents, des vice-présidents, des secrétaires, des rapporteurs, des trésoriers.

Laissons ces hauts personnages; allons aux moyens, aux petits même. Ce sont les plus amusants.

ÉCOLE DE DANSE.

La semaine dernière, à travers mon monocle,
    Étant à l'Opéra,
— Mignonne statuette enlevée à son socle, —
    Je vis passer un rat;

Mais un rat, sur ma foi, d'une allure divine,
    Un rat fluet, coquin;
Bouche-fleur, perles-dents, avec des pieds de Chine
    Et l'œil américain.

Des quinquets de la rampe, où je voyais reluire
    Les coins d'or de ses bas,
Elle jetait à tous un agaçant sourire
    Entre deux entre-chats.

Ses bras nus paraissaient appeler des caresses,
    Arrondis ou tombants,
Tandis que sur son dos battaient deux folles tresses
    Et deux nœuds de rubans.

Pas vingt ans! — Et déjà, ses ennuis, ses caprices,
    Qui pourrait les compter?
Et combien t'ont donné, petit rat de coulisses,
    Leur cœur à grignoter!

LE GRAND ACTEUR ONUPHRIUS.

LE grand acteur Onuphrius se promène majestueusement sur le boulevard.

UN PASSANT, *serrant le bras de son ami.* — Regarde devant toi : c'est Onuphrius, le célèbre Onuphrius.

L'AMI. — Qui? ce grand? ce vieux?

LE PASSANT. — Oui.

L'AMI. — Quel dégommage! (*Ils passent.*)

ONUPHRIUS. — Tais-toi, mon cœur!

Et toi, ma poitrine, comprime tes battements! O gloire! tu n'es pas un vain nom!

Une vieille dame, *à son mari*. — Ah! mon Dieu!

Le mari. — Qu'as-tu, ma chatte?

La vieille dame. — Vois donc ce beau jeune homme; c'est lui qui jouait, cet hiver, le marquis de Santa-Flore dans *Dona Carmen*; c'est M. Onuphrius!

Le mari. — Eh bien! ne vas-tu pas lui sauter au cou? Que les femmes sont drôles! Crois-tu que les acteurs ne sont pas faits comme les autres hommes, par hasard? Si tu avais connu comme moi Bosquier-Gavaudan!... (*Ils passent.*)

Onuphrius. — Dignes bourgeois!

braves bourgeois! le vrai public! le seul qui comprenne l'artiste!

Une ouvrière, *derrière les vitres d'un magasin*. — Il n'a seulement pas tourné les yeux vers moi. Aussi, de quoi allé-je m'aviser d'écrire à quelqu'un d'aussi célèbre!

Onuphrius. — Plus souvent que je m'amuserais à répondre à toutes les lettres d'amour qu'on m'adresse!

Un camarade. — Comment, c'est toi, vieille bête! Je te croyais à Dijon.

Onuphrius. — J'en reviens, mon petit. Ah! quel triomphe! Parole d'honneur! ils sont allés trop loin. A ma dernière, la loge du Cercle m'a jeté une couronne d'or, avec les titres de mes créations sur chaque feuille. Vois-tu, mon bonhomme, on a beau être blasé sur ces choses-là, cela console de bien des injustices. Tu sais que j'entre là-dedans en juin. (*Il désigne un théâtre sur le boulevard.*)

Le camarade. — On vient de me le dire au café... En juin, mauvaise saison !

Onuphrius. — Que veux-tu ! Dix-huit mille francs pour trois mois ; la pièce à mon choix.... avec de la pluie assurée pendant le mois d'août.

Le camarade. — Comment ! de la pluie ?

Onuphrius. — Est-ce que tu crois que je consentirais à jouer par trente-trois degrés de chaleur, en m'essuyant le front après chaque tirade ? J'ai exigé de la pluie sur mon engagement : de la pluie, ou je ne signe pas.

LE GRAND ACTEUR ONUPHRIUS. (P. 29)

C'est comme cela qu'il faut mener les directeurs.

LE CAMARADE. — Et celui-là t'a promis de la pluie ?

ONUPHRIUS. — Parbleu !

Le comédien Onuphrius est dans son cabinet avec *son auteur*, qui lui lit un drame.

L'AUTEUR, *brandissant son manuscrit*. — « ... Les hommes vous ont pardonné, madame ; mais Dieu vous pardonnera-t-il, LUI ! (*La comtesse, étouffant ses sanglots, se jette aux pieds du comte, qui la relève avec dignité. Il tend une main à Frédéric ; de l'autre il lui montre le cadavre de Mac Trévor ; et de l'autre saisissant le testament...*»

Onuphrius — Ah çà! combien a-t-il donc de mains?

L'auteur, *continuant*. — «... *saisissant le testament, il le déchire à leurs yeux. Anna va pour s'élancer ; mais le comte, la clouant du regard, lui dit :*) Mac-Trévor le bandit n'existe plus ; il n'y a plus ici la fille de Mac-Trévor, il y a la fille du comte Sigismond ! (*Tableau. La toile tombe.*) » Eh bien ! qu'en dis-tu ? Qu'en penses-tu ? Est-ce assez joli ? Est-ce assez corsé ?

Onuphrius. — Oui. ., oui..., oui..

L'auteur. — Est-ce assez mouvementé ? Et quelles situations ! un crescendo perpétuel !

Onuphrius.—Certainement; mais..

L'auteur. — Mais quoi ?

Onuphrius. — Il y a trop de personnages.

L'auteur. — Qu'est-ce que cela te fait ? Tu n'en ressortiras que mieux.

Onuphrius. — Tu ne m'entends pas ; je veux dire qu'il y a trop de rôles à côté du mien.

L'auteur. — Pas plus qu'il n'en faut : l'amoureuse, le traître et le comique. Un drame à quatre ; que veux-tu de moins ?

Onuphrius, *marchant dans la chambre*. — C'est donc bien nécessaire, un comique ? Moi, je trouve que c'est ce qui compromet toutes les pièces aujourd'hui. A quoi cela sert-il, un comique ?

L'auteur. — Celui-là, tu le sais

bien, ne fait que passer à travers l'action.

Onuphrius. — Raison de plus ; puisqu'il est inutile, tu dois le supprimer.

L'auteur. — Nous verrons... Que dis-tu de la jeune première ?

Onuphrius. — Elle a tout. Tu lui as tout donné. Ah ! tu es encore un joli camarade, toi !

L'auteur. — Ma pièce ne peut pas se passer de femmes, cependant. Je n'écris pas pour les lycées.

Onuphrius. — Qui est-ce qui te parle de te passer de femmes ? Tu portes toujours les choses à l'extrême. Tu aurais pu faire la jeune première moins intéressante, voilà tout. Deux rôles intéressants dans une pièce se nuisent toujours.

L'AUTEUR. — Ah !

ONUPHRIUS. — C'est élémentaire, cela.

L'AUTEUR. — Il faut pourtant qu'elle t'aime pour amener la scène de la déclaration. Tu dois être content de la scène de la déclaration, hein ?

ONUPHRIUS. — Pas mal, pas mal. Mais il est inutile que la femme soit là pendant ce moment. Elle gâterait tout.

L'AUTEUR. — Comment, inutile ! Où veux-tu qu'elle soit, puisque tu tombes à ses genoux ?

ONUPHRIUS. — Un rien t'embarrasse. Elle sera dans un cabinet à côté, où son tuteur l'aura enfermée à double tour. Je tomberai à genoux devant la porte. L'effet sera bien plus grand.

L'auteur. — Je n'y avais pas pensé, je l'avoue.

Onuphrius. — A qui donnes tu le troisième rôle ?

L'auteur. — Le rôle de Mac-Trévor ? A Griboux ; il n'y a que lui.

Onuphrius. — J'en suis fâché ; je ne peux pas jouer avec Griboux, il me porte sur les nerfs ; c'est plus fort que moi. J'ai fait mettre dans mon engagement que je ne serai jamais d'une pièce où sera Griboux.

L'auteur. — Alors, je prendrai Saint-Colin.

Onuphrius. — Veux-tu un bon conseil ? Prends plutôt Roussel.

L'auteur. — Une utilité ?

Onuphrius. — Allons, tu es injuste pour Roussel. Un élève de Machanette ! Il te jouera très-proprement ton Mac Chose ; et puis un si brave garçon !... surchargé de famille.

L'auteur. — Il bégaye.

Onuphrius. — Non, il zézaye. Mais qu'importe ! Ton traître n'en sera que plus haïssable; c'est ce que tu demandes.

L'auteur. — Pourquoi ne m'invites-tu pas à le supprimer, lui aussi, comme le comique et comme l'amoureuse ?

Onuphrius. — Le fait est qu'une lettre suffirait peut-être... Une dénonciation habilement dictée... Tu réfléchiras.

L'auteur. — C'est tout réfléchi : je suivrai tes conseils. Seulement, qui de quatre ôte trois, reste un. Il n'y aura plus que toi dans la pièce.

Onuphrius. — Eh bien?

Moi, je trouve cet « Eh bien? » sublime.

Il dit tout, il résume tout.

Il me laisse confondu, effaré, terrassé !

Onuphrius court après *son auteur* pendant ses répétitions du drame. Il le joint, il l'entraîne derrière une coulisse.

« Viens par ici, j'ai deux mots à te dire. »

Son auteur le suit.

« Comment trouves-tu ce couteau de chasse? lui demande Onuphrius.

— Ah! oui, voilà un beau couteau de chasse, un fier couteau de chasse, là!

— Eh bien! sois content, je le porterai à ma ceinture pendant la pièce. Tu ajouteras quelques mots pour justifier cela.

— Tu es fou, s'écrie l'auteur en pâlissant; un couteau de chasse ; et pourquoi? Tu es en habit noir tout le temps; tu représentes un homme du monde actuel, le comte Sigismond. »

Mais Onuphrius :

« Oh! j'ai changé le costume; je me suis fait faire un habit Louis XV dont tu me diras des nouvelles. Il faut bien que ce soit pour toi, va.

— Mais ma couleur locale ! Je me suis évertué à faire de l'Allemagne moderne pendant cinq actes !

— Avec quelques retouches tu t'en tireras facilement. Je t'aiderai..... Et puis, quoi ! ton comte Sigismond peut avoir la toquade d'user les habits de ses ancêtres ! »

Onuphrius est moins fier qu'on pourrait le supposer. Il ne dédaigne pas de descendre dans le premier dessous.

Là, il rencontre le souffleur.

LE SOUFFLEUR. — Bien le bonjour, monsieur Onuphrius.

ONUPHRIUS.— Dites donc, Latapy ?

LATAPY, *ôtant sa casquette.* — Monsieur Onuphrius ?

ONUPHRIUS. — C'est toujours vous qui avez le service de la rampe?

LATAPY. — Oui, monsieur Onuphrius.

ONUPHRIUS. — C'est alors vous qui haussez ou baissez le gaz... .

LATAPY. — Selon les indications du régisseur, oui, monsieur Onuphrius.

ONUPHRIUS. — Ce brave Latapy! Savez-vous que vous n'êtes pas changé depuis quinze ans que je vous connais.

LATAPY. — Trente ans, monsieur Onuphrius, trente ans au mois d'avril qui vient. J'étais avec vous à l'Odéon en..... en.....

ONUPHRIUS. — Ah bah! Satané Latapy! Et avez-vous toujours votre petite femme?

Latapy. — Vous voulez dire ma grosse femme. Merci bien, monsieur Onuphrius. Dame! elle ne se fait pas jeune non plus...... elle est comme nous.

Onuphrius. — Latapy, permettez-moi de vous offrir ces cinquante francs, en souvenir de notre ancienne amitié. Ne me refusez pas, ce serait me désobliger.

Latapy. — Vous êtes bien bon, monsieur Onuphrius.. ... Mais comment pourrai-je reconnaître?. ....

Onuphrius. — C'est bien simple. Vous savez que nous avons une rude soirée aujourd'hui. A chacune de mes entrées, forcez un peu le gaz.

Latapy. — C'est entendu, monsieur Onuphrius.

Onuphrius. — Adieu, mon cher Latapy, adieu.

Latapy, *le rappelant*. — Ah! monsieur Onuphrius, permettez …. faut-il aussi forcer le gaz pour les entrées de M. Roussel?

Onuphrius — Gardez-vous-en bien! Roussel souffre beaucoup des yeux; il ne peut pas jouer dans une trop vive lumière. Ménagez le gaz à Roussel

LA PETITE ACTRICE BERNARDINE.

A mademoiselle Valérie, artiste dramatique, au théâtre des Célestins, à Lyon.

Tra deri dera, tra la, la, la ! En avant deux ! Dzing et blum ! Vive le gouvernement ! — Celle qui t'écrit, ton amie d'enfance et de Conservatoire, que tu appelais autrefois ton petit pruneau bleu, ta Bernardine, enfin (fais le salut militaire !) a débuté mercredi soir sur un vrai théâtre, à Paris.

« Engagée, ma chère, engagée ! C'est à peine si j'ose le croire moi-même en l'écrivant ici de ma plus belle encre rose. Pince-moi pour voir si je ne rêve pas ! — Mon nom est imprimé en toutes lettres dans le carré bariolé des affiches ; je m'arrête pour lire à chaque coin de rue, et je ne suis pas seule à m'arrêter. « Mlle Bernardine remplira les rôles de *Rocambolina* et de *la Pompe à feu.* » Comme cela tire l'œil ! C'est d'un effet étourdissant, je te jure..... Voyons, ne te moque pas de moi, ou je ne te dis plus rien.

« Mais je serais bien punie de ne rien te dire, va ! Cela m'étouffe, cela me suffoque. Je parlerais au peuple par la croisée, plutôt que de me taire. Je crierais : « Voilà ce qui vient de paraître ! Demandez ! les brillants débuts de Mlle Bernardine au théâtre des.... — Curieuse ! tu veux déjà savoir sur quel théâtre j'ai débuté. Il me plaît de te le laisser à deviner pendant dix minutes encore. Cherche, tu ne trouveras pas.

« Tu sauras donc, pour commencer comme les lettres de *payse* à *pays*, que depuis notre dernière entrevue à la *Tête d'Or*, il y a de cela six mois, j'étais en proie à une déveine numéro un. D'engagement, nulle part; mes ressources, épuisées. La province, je n'en voulais plus. Une saison à Charleroi, une autre à Sens *et ses environs* (jolis, les environs !) m'avaient à moitié abrutie. Il me fallait Paris, enfin. — On n'est pas pour rien native de la rue du Cherche-Midi.

« Croirais-tu, ma chère Valérie, que les correspondants chez lesquels j'ai été mettre mon nom m'ont ri au nez lorsque je leur ai déclaré mon intention de me fixer ici. Kuschnick m'a demandé si j'avais au moins un ministre dans la manche ; Formel, plus sérieux, voulait savoir par quel journal je lui étais envoyée. Je lui ai montré candidement les feuilletons de *l'Argus Sénonais*, où je suis portée aux nues, — ainsi qu'une épître en vers de M. Emmanuel des Essarts. Il a hoché la tête, et, comme je l'intéressais, il m'a offert un emploi de Colombine à Rio-Janeiro.

« C'est drôle, tout de même : mon extrait de naissance me donne vingt ans ; j'ai de la physionomie ; je sais m'habiller ; je ne suis pas précisément une grue ; je sais autant de musique et d'orthographe qu'il en faut ; et tout cela, à quoi aboutit-il ? à me faire rester six mois sur le pavé !

« Voyons, Valérie, quelle aurait été ta conduite à ma place ? Je l'entends dans le meilleur sens du mot. J'ai essayé de faire mes affaires moi-même et de voir les directeurs dans leurs antres. J'aurais eu plus vite fait d'entreprendre l'escalade de la lune avec mes trente-deux perles. — Te raconterai-je mes pérégrinations, et comment j'avais fini par devenir la *juive errante* de l'engagement ?

« Figure-toi ta petite camarade descendant chaque jour régulièrement ses quatre étages de son pied menu, chapeau frais, brides neuves au vent, étroitement gantée, et se rendant dans toutes les ménageries dramatiques. Le frisson m'en reprend rien que d'y songer. Que d'heures passées, en ce galant équipage, sur une chaise, dans la loge obscure des concierges de théâtre, au milieu des odeurs d'un pot-au-feu toujours en ébullition ! Moyennant quelques pièces de monnaie, j'obtenais d'attendre l'arrivée du directeur ou de lui faire parvenir ma carte.

« Pendant ce temps-là passaient devant moi acteurs et actrices, s'arrêtant joyeusement au seuil de la concierge pour lui demander : « Y a-t-il quelque chose pour moi, mère *Chose?* » et me jetant en dessous un regard curieux et narquois.

« Mauvaises heures ! Stupides épreuves ! — Au Gymnase, impossible d'approcher du dieu en grosses moustaches qui ne se souvient plus d'avoir joué les traîtres. J'ai écrit trois lettres au Vaudeville ; — si M. Boïeldieu fils était encore secrétaire, au moins m'aurait-il répondu sur l'air de *la Dame Blanche.* Visage de bois aux Variétés. Tous les directeurs aux eaux, — même Léon Cogniard.

Petit Léon, dans le sein d'Amphitrite ...

« Je n'ai pas pu, malgré toute ma bonne volonté, m'entendre avec M. Dormeuil, du Palais-Royal : tout d'abord il m'a prise pour une autre ; — le lendemain, sans doute, il en aura

pris une autre pour moi. Des Folies, où l'on m'a répondu que « toutes les situations étaient occupées, » je me suis acheminée vers le théâtre des *Deux Jazet*, comme dit le *Tintamarre*. Partout on m'a engagée... à repasser, plus ou moins gracieusement. Cristi !
— En me voyant ainsi repoussée de toutes parts, te l'avouerai-je, j'ai failli avoir un moment d'orgueil, je me suis crue une grande artiste méconnue ; et, le soir, en rentrant dans ma pauvre chambrette, j'ai involontairement cherché du regard au chevet de mon lit la guitare de Rachel !

« Pour un rien, je serais allée frapper au théâtre de *mélo*. Mais quoi ! pas d'organe ! pas de galoubet pour deux sous ! — Me vois-tu d'ici, vois-tu ta petite Bernardine se donnant de grands coups de poings dans la poitrine, comme Marie Laurent, et se jetant devant une porte pour empêcher Piétro d'entrer dans la cabane où repose son enfant ? « Son *nânfânt !* » J'aurais été d'un bleu !

« C'est alors que j'ai rencontré Berthe, — tu sais Berthe de Joyeuse, qui a été dans la troupe de Denizot.

« — Toi ici ! me dit-elle.

« — Comme tu vois.

« — Quel bonheur ! et où es-tu casée ? »

« J'eus, à cette demande, un sourire tellement bizarre, paraît-il, que Berthe me saisit par le bras, en s'écriant :

« — Viens tout de suite chez mon directeur ! »

« Une heure après, je sortais du cabinet de M.*** avec un engagement pour deux ans. (Reprise du chœur d'allégresse.)

« Il était temps !

« Ma chère Valérie, je n'ai pas de pose à faire avec toi, surtout de pose à la sensiblerie. Nous en avons vu de dures ensemble. Mais, je te le répète, — il était temps !

« J'étais au bout du rouleau, ma chatte. J'avais vendu ma jolie robe des *Femmes terribles*. Ma *tante* de la rue de Condé avait pris le surplus. Il ne me restait absolument, mais là, absolument, qu'une mignonne paire de bottines à glands qui m'allaient comme un charme, et avec lesquelles je demandais par testament à être enterrée; car j'avais fait mon testament. Une idée! Je te donnais..... je ne me rappelle plus quoi..... pas grand'chose, par exemple. — N'est-ce pas qu'il est permis de se faire enterrer avec des bottines?

« Ah ! tiens, j'étais à bout de forces. Quelque chose me soutenait dans ma vertu : — des souvenirs, et du dégoût. Je ne me fais pas meilleure que je ne suis, mais la misère exalte ma fierté. Explique cela qui pourra.

« Maintenant, Valérie de mon cœur, le moment est arrivé de te faire connaître l'heureux théâtre qui a celui de me posséder.

« Boulevard de je ne sais qui, un nouveau boulevard enfin, une maison toute neuve au fronton de laquelle on lit : *Distractions théâtrales.* C'est là un joli petit théâtre, s'il te plaît, tout frais et tout riant, blanc, argent et or, comme on les fait à présent.

« On a inauguré mercredi avec une pièce qui pourrait bien être une féerie, si ce n'était une revue. Cela a pour titre : *Les Fredaines du prince de Satin.* Je ne sais pas pourquoi ; il n'y aurait aucun inconvénient à ce que cela s'appelât *Fortunatus*, ou même *les Soirées du Bosphore.* Cela ressemble à tout, mais tant d'autres choses, à leur tour, ressembleront aux *Fredaines du prince de Satin !* Je suis curieuse de voir comment les journalistes se tireront lundi de leur analyse. Veux-tu la mienne en attendant ?

« Le premier acte se passe chez un

photographe. J'arrive chez lui pour poser, avec une demi-douzaine de mes *compagnes*. Nos costumes ont été taillés dans une étoffe faite de l'air du temps. Il m'a paru qu'à l'orchestre personne ne s'en plaignait. Nous nous groupons, un bras arrondi par-dessus la chevelure, une épaule abandonnée, l'œil à demi clos, la bouche entr'ouverte. As-tu fini ?—Le photographe dit tout ce qui lui vient par la tête ; il a pour compère son apprenti, nommé Objectif (naturellement). Lorsque nous sommes fatiguées de poser, mes *compagnes* et moi nous chantons et nous dansons.

« Au deuxième acte, nous chantons et nous dansons dans un bosquet où il ne manque que des tables de restaurant. Le photographe devient Anacréon; Objectif s'appelle Comus. Selon la mode actuelle, plusieurs dieux et autant de demi-dieux, — tels qu'Apollon, Épicure et le sultan Belboula, — se succèdent, en s'appelant *ma vieille* et en tirant la langue au public, qui se fond de satisfaction. Signe des temps ! (Ma chère, c'est un mot qui fait fureur.)

« Nous chantons et nous dansons encore au troisième acte, toujours vêtues comme tu devines. Les spectateurs de l'orchestre importunent les ouvreuses pour savoir l'adresse de notre couturière. — Évohé ! la toile du fond représente le palais Pompéien de l'avenue Montaigne. Ainsi que dans toutes les revues il surgit du sol un tas de gens à baguette d'or, qui dégoisent sur des timbres d'Offenbach : « Je suis *l'Idée!* Je suis *le Cable transatlantique!* Je suis *l'Alcazar d'été!* Je suis *les Docks de la mélasse!* » — Moi, j'arrange ma jupe de gaze, et je fais sonner mon talon de cuivre.

« Les deux derniers tableaux se chantent et se dansent comme le reste, parbleu ! — Il n'y aurait pas de bonne fête sans l'éternelle parodie de Thérésa. — Moi, je commence à la trouver très-touchante, cette Thérésa tant parodiée ! Lui fait-on payer en quolibets malséants ses modestes rentes et son humble villa de Montmorency !

« En résumé, *les Fredaines du prince de Satin* sont une jolie pièce. — Qu'as-tu à rire ? Et puis, comme c'est joué! Ah ! Il y a là surtout une jeune personne du nom de Bernardine qui sera célèbre avant longtemps. Elle a un entrain du diable, et on lui a fait bisser plusieurs de ses couplets. — Comment trouves-tu que je m'acquitte de mes fonctions de feuilletoniste ?

« Tout Paris était là, excepté M. de Pène ; mais il est venu le lendemain. Une seule chose, ma belle Valérie, a gâté le bonheur de ton petit pruneau bleu. Autour de moi, toutes mes camarades jouaient pour quelqu'un dans la salle. On les voyait sourire furtivement à des loges et envoyer des regards d'intelligence aux galeries. Moi seule, je ne jouais pour personne, — et à diverses reprises je me suis senti le cœur serré. C'est une faiblesse, et je ne l'avoue qu'à toi. Bah! il n'en sera pas toujours ainsi !

« Garde-moi toujours le meilleur de ton affection. Écris-moi, donne-moi de tes nouvelles. Qu'est-ce que devient Georges?

« Ta BERNARDINE.

« *P. S.* — Je viens de recevoir une lettre, tu ne devinerais jamais de qui..... »

Le prince de Satin. (Page 62)

TRAGÉDIENS ET TRAGÉDIENNES.

Murs, rades,
Flots verts,
Tirades
En vers,
Boutiques
Antiques,
Portiques
Ouverts.

Sur sa couche,
Œil hagard,
Fière bouche,
Noir regard,
Une reine
Souveraine
Vient, m'entraîre.....
C'est Agar !

Mais je résiste ;
Combien c'est beau !

Je brave Égisthe
(Lisez Gibeau).
Débat nocturne :
Je rêve d'urne
Et de cothurne
Et de flambeau !

Viennet, moins malade,
D'un bond hors du lit
Saute chez Taillade,
A qui Latour lit
Une tragédie,
Beaucoup trop hardie
Pour être applaudie.....
Legouvé pâlit.

Mais à moi que m'importe !
Princesses et tyrans,
J'entends battre à ma porte
Et s'accroître leurs rangs ;
Comptant sur mon silence,
A la main une lance,
Arbogaste s'élance
Avec vingt mille Francs !

Effaré, je les regarde
Par mes rideaux dérangés.....

Ah mais ! non ! non ! A la garde !
Trop de confidents rangés !
Trop d'Arcas et trop d'Arbate !
De Phénix, de Mithridate,
De Corasmin, d'Orondate !
Trop de gardes affligés !

C'est fini ! les voilà tous maîtres
De mon logement profané ;
Et le bruit de leurs exhamètres
Monte à mon plafond consterné.
C'est Lekain sorti de sa fosse,
Talma récitant du Lafosse,
Et Saint-Aulaire à la voix fausse,
Et Fonta qui parlait du nez !

Cris de l'enfer ! bacchanale classique !
Grands bras, grands vers, noble abrutissement !
Lambeaux de pourpre et plumes de cacique !
Fers, feux, mortels, et tout le tremblement !
Fureur d'Achille et délire d'Oreste !
Dieux attestés et colère céleste !
Rideaux de lit, casques, glaive funeste,
Vous m'ennuyez majestueusement !

O Victor! si de leurs tirades
Ta grande ombre peut me sauver,
J'apprendrai toutes les tirades
Qu'à vingt-cinq ans tu sus trouver,
Et dont Cornélie, avec âme,
Aussitôt qu'elle les déclame,
Fait circuler l'ardente flamme
Au cerveau prompt à s'aviver !

Ils sont partis ! Dans l'espace
Résonnent leurs douze pieds,
Qu'emporte le vent qui passe !
— Défense à tous les pompiers
De ne plus souffrir que monte
Cette horde qui, sans honte,
A toujours prête une ponte
De rhythmes estropiés !

J'ai, tremblant qu'il n'en reste,
Après m'être signé,
Donné d'une main preste ;
Et, Ricourt consigné,
La mémoire meurtrie,
A mon aide je crie,
Pour voir par Vacquerie
Théramène empoigné !

Des rimes étranges
M'arrivent encor.....
Mais je suis aux anges,
Car j'entends le cor
D'*Hernani* qui pleure
Et qui sonne, à l'heure
Où la joie effleure
Meurice qui dort !

   A moi, cohortes !
   A moi, renforts !
   Naissez, escortes,
   Belles d'efforts !
   A moi, Salluste !
   Didier robuste,
   Gubetta fruste,
   Hardis et forts !

      Romantiques
      Aboyants,
      Et gothiques
      Flamboyants,
      Font vassale
      Une salle
      Colossale.....
      Les vaillants !

Arbate,
S'il sort
Sans batte,
Est mort.
Le grave
Burgrave
Le brave,
Et mord !

LES ACTEURS RETRAITÉS.

Abordons le chapitre des douleurs.

Laissez-moi vous conduire au fond d'une baignoire d'orchestre ; vous y verrez assise une célébrité du temps passé, Irma Aubert, comédienne de la cinquante-cinquième année.

Ses traits sont encore beaux; sa toilette est savante. Elle suit des yeux sur la scène, avec une expression terrible, une jeune débutante. Irma Aubert tient son mouchoir serré entre ses dents.

Une amie est à côté d'elle.

Vous plaît-il de les écouter?

Irma Aubert, *à voix basse*. — Ce geste est faux..... faux..... faux..... Une poupée..... Son peigne va tomber..... Quelle voix!.... Tout cela est copié sur Brohan. (*La salle éclate en bravos. Irma Aubert se penche sur le bord de sa loge et applaudit plus fort que les autres, en disant tout haut :* Oui, très-bien! très-bien!)

L'amie. — Elle ne va pas mal.

Irma Aubert. — Laisse-moi donc tranquille, et attends le quatrième acte..... Tu n'en finis pas avec la lorgnette; après toi, s'il en reste. (*Elle lorgne la débutante.*) On n'a pas idée d'une peau aussi noire; c'est de l'ardoise..... Tu dis qu'elle sort de la classe de Beauvallet? Un joli cadeau qu'il a fait au théâtre. — Ah! ces verres sont brouillés.

L'amie. — Il paraît qu'elle n'a pas encore dix-huit ans.

Irma Aubert. — Et ça veut déjà jouer les grands rôles! Mais à cet âge-là on ne sait pas dire autre chose que *papa, maman,* comme les phoques..... Ah! ma pauvre Mars!... je les ai joués, moi aussi, les grands rôles, et je les jouerais encore, si je voulais.....

Tiens, elle marche dans sa robe.....
c'est pitié!

L'amie. — Au fait, pourquoi as-tu quitté le théâtre?

Irma Aubert. — Ah! pourquoi? Parce que j'espérais que le théâtre me rappellerait et qu'on ne pourrait pas se passer de moi, et que sans moi il n'allait plus y avoir ni succès, ni talent, ni beauté possibles. Cela m'a joliment réussi, tu vois. J'ai boudé, et on m'a laissée bouder; j'ai envoyé fièrement ma démission au comité, et le comité m'a accusé réception de ma démission, tout simplement, le lendemain, sur papier grand aigle. Pendant huit jours, je n'ai pas quitté ma fenêtre; j'attendais, de minute en minute, des ambassadeurs, une députation..... Ah! ouiche! Ils ne pensaient plus à moi, les ingrats et les lâches! Ils avaient déterré, je ne sais dans quelle banlieue, une petite fille, comme celle de ce soir; et, dans le cabas de cette innocente, ils avaient fourré tout mon répertoire. Du propre!

L'amie. — Il fallait aller jouer ailleurs.

Irma Aubert. — Où cela? en province? Merci! Ils n'ont d'oreilles que pour l'opéra. A la Porte-Saint-Martin ou à la Gaîté? Pour recevoir des décors sur le dos, n'est ce pas? et pour donner la réplique à des clowns! Je te retiens, toi. Et dire qu'ici l'on faisait six mille francs chaque fois que je jouais, et qu'à midi il n'y avait plus de location ! On ne reverra pas de soirées comme cela, ma belle ; n, i, ni, c'est parti avec Irma Aubert. Tous les hommes étaient en habit noir et en cravate blanche ; on n'aurait pas découvert un seul paletot, même au poulailler. Dans tous les entr'actes, le ministre montait à ma loge pour me complimenter. Hein ! c'est de la gloire, cela !

Une voix du parterre. — Chut donc, dans la baignoire !

Irma Aubert, *lorgnant*. — A qui en a-t-il, celui-là ?

L'Amie. — A nous, ma chère ; à toi, tu parles trop haut.

Irma Aubert. — L'animal ! il a peut-être fait trois heures de queue, il y a dix ans, pour m'applaudir ; il a peut-être mon portrait lithographié dans sa chambre à coucher. — Sortons! La comédie est à jamais morte en France!

VARIATIONS SUR LE MÊME THÈME.

Oui, plaignons-les, en effet, les comédiens retirés du théâtre! Plaignons-les de tout notre cœur! En dehors de la rampe ils ne traînent plus qu'une existence ennuyée et stérile. Rien ne peut leur rendre le théâtre ni leur en tenir lieu, à ces âmes en peine; — le théâtre, « cet enfer qu'on aime! »

Nous avons vu Elleviou, marié richement, rôder autour de l'Opéra-

Comique, avec des soupirs de tristesse et d'envie. Le moindre figurant à cinquante francs par mois lui semblait plus heureux qu'un potentat.

Nous avons vu Saint-Prix, dans sa maison de campagne des bords de la Seine, guetter des villageois pour leur réciter des tirades de *Mithridate :*

Approchez, mes enfants ; déjà l'heure est venue ...

Nous voyons Samson, nous voyons Duprez, nous voyons Geffroy, nous voyons Chollet.

Quelques-uns, rentiers ou maires des communes, reviennent de temps en temps se glisser dans les cafés du boulevard, pour serrer la main à leurs vieilles connaissances.

De plus honteux et de plus tristes s'enferment dans leur cabinet : ils tirent d'un coffre à secret le costume des jours anciens ; ils s'habillent comme pour la représentation. Mais qu'ils ont maigri, justes divinités! La culotte de Georges Brown, de *la Dame blanche,* grimace sur leurs cuisses ; l'habit trop large pend, flétri, sur leurs épaules. Ils marchent et se pavanent devant le miroir ; ils murmurent des paroles involontaires : « Ai-je mon billet de logement? » demande Almaviva ; et il se tâte. Ils font de grands pas, ils pardonnent, ils maudissent, ils se vengent ; ils donnent et reçoivent des coups de pied ; ils parlent à la *cantonade,* ils rient aux éclats...... Et puis, s'apercevant soudain de leur solitude, les voilà qui s'arrêtent et qui se laissent tomber sur le vieux coffre, — en pleurant.

LEURS LOGES.

Tout le monde connaît Cardénio, le jeune premier sans rival. Lundi dernier, nous nous entendîmes appeler d'une fenêtre de la petite rue des Filles-Saint-Thomas. C'était Cardénio; il nous fit signe de monter.

La porte était devant nous : c'était celle qui sert d'entrée aux acteurs du Vaudeville. Un escalier abominable, percé à chaque palier d'un corridor long et sombre, nous conduisit à un deuxième étage, — en haut duquel Cardénio nous attendait.

Nous n'avons jamais rien compris à la hideur et à la malpropreté traditionnelles des escaliers de théâtre. Par quel singulier esprit de contraste — ou de superstition — les directeurs se plaisent-ils à entretenir ces léproseries à l'entour des coulisses ?

Qui n'a passé avec effroi devant l'immonde boyau de l'Ambigu ?

Qui ne s'est senti à moitié asphyxié dans l'allée ténébreuse de la Porte-Saint-Martin, entre ces murs humides de salpêtre, où pleure nuit et jour l'œil sanglant d'une lanterne ?

Tous les égouts du passage des Panoramas dégorgent dans la cour des

Variétés, qui sert d'antichambre à la cour du concierge.

Et le sous-sol malsain du Gymnase?

Et la bouffonne porte à grelot du Palais-Royal?

Cardénio nous conduisit dans sa loge, qui porte le n° 19. — C'est une petite chambre, aussi petite qu'une chambre de bain, et tendue de velours ponceau; un divan y tient la place de la baignoire. Une grande psyché, une armoire, un coffre, — où notre regard curieux entrevit tout un mardi gras d'étoffes et de paillettes, — un guéridon et des fauteuils en bois doré, composent l'ameublement. Tout autour de la loge des portraits de camarades, avec des *hommages* autographes à Cardénio.

De lui-même pas un seul portrait, — ce qui est à considérer comme un acte de bon goût.

Il nous invita à nous asseoir, — et nous causâmes.

Cardénio. — C'est un miracle de vous voir..... Si vous le voulez bien, nous allons prendre le café ensemble, ici.

Nous. — Très-volontiers, mais à la condition que vous continuerez à vous habiller.

Cardénio. — J'allais vous en demander la permission. (*Il s'assied sur un tabouret, devant une toilette éclairée par deux lampes.*)

Nous. — Qu'est-ce qu'on joue ce soir ?

Cardénio. — Toujours *Rosita*. La direction veut pousser la pièce jusqu'à cent représentations. (*Il passe sur son visage une éponge imbibée de blanc de perle.*)

Nous. — Ainsi, pendant trois mois, tous les jours vous avez fait ce métier écrasant, qui consiste à simuler, plusieurs heures durant, les angoisses, les défaillances, les délires de l'humanité ?

Cardénio. — Tous les jours, excepté le dimanche. (*Il essuie le blanc de perle avec une patte de lièvre.*)

Nous. — Ah ! mon pauvre ami, vous êtes sur les dents !

Cardénio. — C'est vrai. (*Il prend*

un pinceau et le trempe dans de la poussière de pastel.)

Nous. — Que de fois il vous arrive de maudire votre profession !

Cardénio. — A un autre que vous je répondrais oui ; je me plaindrais et ferais semblant de n'aspirer qu'au bonheur de planter des choux dans un coin de terre ignoré, loin de l'envie et du gaz. Mais je mentirais. — Où donc est ma brosse à sourcils ?

Nous, *complaisamment*. — N'est-ce pas cela ?

Cardénio. — Merci. J'aime mon art par-dessus tout, et cela se comprend. J'ai toujours joué du George Sand, de l'Émile Augier, de l'Alfred de Musset, du Dumas fils, de l'Octave

Feuillet. Ajoutez qu'on me paye bien, et que j'ai de la santé.

Une voix, *dans le lointain.* — Julien ! rustre ! croquant ! arriveras-tu, canaille de Julien ! *canaglia !*

Nous. — Qu'est-ce que c'est ?

Cardénio. — C'est Félix qui appelle le coiffeur du théâtre.

Mademoiselle Musidora, *entr'ouvrant la porte de la loge.* — Cardénio, mon petit Cardénio, êtes-vous prêt ? Nous descendons. (*Elle disparaît avec un grand murmure de soie.*)

Cardénio. — Dans un instant. (*On apporte du café.*) Posez cela sur le guéridon. (*La cloche du théâtre se fait entendre.*)

M. Roger, *régisseur.* — Monsieur Cardénio, l'on commence.

Cardénio. — Déjà!

M. Roger. — Nous sommes en retard de douze minutes sur hier.

Cardénio. — Faites-moi le plaisir, mon cher Roger, de venir de temps en temps me dire où l'on en est. (*M. Roger sort.*)

Une voix dans le lointain. — Julien! ruffian de Julien! misérable, monteras-tu?

Nous, *souriant.* — Toujours M. Félix?

Cardénio. — Oui.

Nous. — Je vous quitte.

Cardénio. — Pourquoi? Prenons le café tranquillement. Il me semble que j'ai une foule de choses à vous raconter. Que ne m'attendez-vous là? Le premier acte n'est pas long, et je ne parais ensuite que dans le troisième. Voilà des cigares. Si vous voulez écrire, il y a ici « tout ce qu'il faut ».

M. ROGER, *du dehors*. — Monsieur Cardénio!

CARDÉNIO. — Quoi?

M. ROGER. — *Tu sais que je ne songe qu'à ton bonheur.....*

CARDÉNIO. — Bien. Je mets mon habit. (*A nous.*) C'est convenu, vous restez et m'attendez, n'est-ce pas?

Nous. — Soit. Serai-je dérangé?

CARDÉNIO. — Du tout; il n'y a que mon domestique qui entre dans ma loge.

M. ROGER, *entrant*. — Comment! vous n'avez pas votre chapeau? Mais dépêchez-vous!

CARDÉNIO. — Où en est-on?

M. Roger. — *Le jour de ton mariage, ma chère enfant.....*

Cardénio. — Diable! c'est le dernier délai. Il faut que je vous quitte

Nous. — Faites, faites.

M. Roger. — Vous mettrez vos gants sur le théâtre.

Cardénio. — Oui. (*Il donne un dernier coup d'œil au miroir.*) Les cigares sont là; voulez-vous que je dise que l'on vous monte des journaux?

Nous, *offensé*. — Oh!

Cardénio. — Pardon! j'oubliais.....

M. Roger. — Allons, monsieur Cardénio, allons!

Ce M. Roger l'entraîna presque, et nous laissa seul.

Nous procédâmes alors à l'inventaire de la loge avec une curiosité provinciale, lisant les étiquettes de tous les flacons, depuis la *brillantine pour lustrer la barbe* jusqu'au *blanc Rachel*. Un instant, nous eûmes l'idée d'essayer sur notre personne quelques unes de ces compositions *jouventielles*, — mais la crainte d'être surpris nous arrêta dans cette velléité de coquetterie.

Nous regardâmes aussi les cadres de plus près ; nous décrochâmes même le portrait de M. Frédérick Lemaître, afin de lire les lignes que l'étrange et puissant comédien y avait tracées de sa main, en marge. Les voici dans toute leur intégrité et dans leur sincérité enthousiaste :

« A Cardénio ! témoignage d'amitié

et d'estime, au véritable artiste, qui veut me faire l'honneur de se dire mon élève ! Son maître !..... C'est Dieu !... qui nous fit.

« FRÉDÉRICK LEMAITRE. »

A ce moment nous vîmes entrer Adolphe.

LEURS GENS.

L E temps n'est plus, heureusement, où un grand seigneur pouvait dire insolemment à un grand acteur :

« Eh ! pourquoi diable as-tu des gens, mon pauvre Baron ! »

Adolphe est le valet de chambre de

Cardénio; c'est un garçon intelligent et même rusé, qui est en train de perpétuer la race des domestiques célèbres, à commencer par le Brinon du chevalier de Grammont, pour finir au Baptiste de *la Vie de Bohême*.

Je n'ai qu'une crainte pour Adolphe, c'est que l'ambition ne vienne un jour ou l'autre lui tourner la tête, et qu'il ne s'avise de quitter la livrée en se croyant appelé à des destinées plus éclatantes. Déjà, nous l'avons vu, il y a quelques mois, solliciter auprès de son maître la permission de paraître parfois au fond de la scène du Vaudeville, parmi ces personnages muets que l'on désigne ainsi : « Invités, invitées. » Cardénio y a consenti. C'est un malheur.

Adolphe. — Tiens, c'est vous, monsieur ?

Nous. — Tu vois, Adolphe.

Adolphe. — Est-ce que vous n'allez pas dans la salle ? le rideau est levé.

Nous. — Je le sais, Adolphe; mais je préfère rester ici. J'attends ton maître.

Adolphe. — C'est différent. (*On frappe à la porte de la loge.*) Entrez !

Un garçon de théatre. — Des lettres pour M. Cardénio.

Adolphe. — Bien. (*Le garçon de théâtre sort. Adolphe approche une lampe, s'assied tranquillement et décachette les lettres.*)

Nous, *surpris*. — Qu'est-ce que tu fais donc là ?

ADOLPHE. — Vous le voyez : je lis le courrier de monsieur. Des demandes de stalles, des invitations. (*Avec humeur.*) Allons, bon ! encore *elle!*

Nous. — Il t'autorise à dépouiller sa correspondance ?

ADOLPHE. — Oui; c'est un service qu'il m'a prié de lui rendre, pendant tout le temps qu'on jouerait *Rosita*.

Nous. — Et dans quel but ?

ADOLPHE. — Le rôle est très-fatigant, comme vous savez; c'est un rôle de *sept cents*, et qui préoccupe beaucoup monsieur. Voilà pourquoi il m'a recommandé de ne lui mettre sous les yeux rien de ce qui pourrait le troubler ou lui donner des idées étrangères à la pièce. Les acteurs, voyez-vous, ce n'est pas comme les auteurs.....

Nous. — Une grande vérité, Adolphe !

Adolphe. — Ils ont besoin de plus de ménagements.

Nous. — Certes !

Adolphe. — Depuis trois mois, j'ouvre toutes les lettres qui arrivent à l'adresse de M. Cardénio, ici ou chez lui. Celles qui sont insignifiantes ou purement agréables, je les lui montre ; les autres, je les garde.

Nous. — Tu les gardes ?

Adolphe. — Pour les lui communiquer quand son congé commencera.

Nous. — C'est très-bien imaginé ; mais parmi ces *autres* lettres, il y en a.... de toute nature....

LE DIRECTEUR.

Nérestan.   (P. 112.)

Adolphe, *froidement*. — De toute nature, oui.

Nous. — Eh bien! celles qui exigent une réponse immédiate?...

Adolphe. — C'est moi qui réponds.

Nous. — Toi?

Adolphe. — Monsieur m'honore de toute sa confiance, et il sait qu'elle est bien placée.

Nous. — J'en suis également convaincu, mais....

Adolphe. — Voici, par exemple, une femme qui *nous* écrit régulièrement tous les jours. Naturellement, je fourre ses lettres dans ma poche. Cependant, comme il faut avoir des égards avec tout le monde, même avec les femmes, n'est-ce pas, monsieur?....

Nous. — Oui, Adolphe, même avec les femmes!

Adolphe. — Je lui ai confectionné une épître que je crois assez bien troussée. Au reste, je ne suis pas fâché de vous la montrer avant de la mettre à la poste.

Nous. — Tu l'as sur toi?

Adolphe. — La voici. Vous remarquerez que je me suis servi du papier de l'administration, avec un entête imprimé, pour donner plus d'autorité à mon langage.

Nous. — Voyons.

THÉATRE
du
VAUDEVILLE.

CABINET
de la Direction.

Paris, 20 décembre 1867.

« Madame,

« Je n'ai pas pour habitude de répondre aux lettres d'amour qu'on écrit à mon maître. Cependant, je fais une exception en votre faveur, parce que je crois m'apercevoir à votre style que vous aimez pour tout de bon M. Cardénio. Madame, c'est un grand malheur pour vous, oh! oui, un très-grand malheur! En ma qualité de fidèle domestique, je puis vous faire des révélations que me dicte seul votre intérêt.

« M. Cardénio est marié en troisièmes noces ; il est père de sept enfants, que ses appointements suffisent à peine à nourrir. En outre, je vous apprendrai confidentiellement qu'en ce qui concerne son moral, il est accablé de rhumatismes, ce qui le fait ressembler, en déshabillé, à ces statuettes couvertes de fer-blanc que vous avez sans nul doute remarquées dans la vitrine des bandagistes herniaires.

« Avec lesquelles, madame, j'ai l'honneur d'être votre très-humble et très-aimable serviteur,

« Adolphe Brouchican,

« Valet de chambre de M. Cardénio, premier rôle du théâtre impérial du Vaudeville. »

ADOLPHE. — Eh bien ?

Nous. — C'est parfaitement rédigé, mais le fond est désolant.

ADOLPHE. — Bah ! si nous les écoutions toutes, le théâtre serait bientôt fermé. (*Il met un œil de poudre.*)

Nous, *avisant une feuille de papier sur la toilette.* — Un bulletin de répétition ?

ADOLPHE. — Oui.

Nous, *lisant.* — « Jeudi, 3 janvier, *la Gousse*, à quatre heures, à la Boule-Noire. » *La Gousse,* c'est probablement une pièce nouvelle. Drôle de titre !

ADOLPHE, *riant.* — Eh ! non ; c'est le dîner que font ces messieurs au commencement de chaque mois. Ils appellent cela *la Gousse d'ail.*

Nous. — Et la Boule-Noire?

Adolphe. — C'est le nom du restaurant où se donne le dîner, à Montmartre.

Une voix *dans le lointain*. — Julien! brute de Julien! animal! mouchard! viens-tu?...

Adolphe. — Ah! l'acte est fini. Voilà M. Félix qui demande son coup de fer. Il est bien gai, M. Félix; il plaisante toujours.

Nous ne répondîmes pas : Cardénio venait de rentrer; Adolphe lui présenta un verre de sirop de mûres.

Un peu moins pressé, Cardénio procéda plus lentement à sa toilette du troisième acte, tout en causant avec nous. Cardénio est du Midi : on s'en aperçoit à sa verve abondante et facile. Il nous raconta ses débuts en province. Quelle garde-robe étrange était la sienne alors ! quels habits à la française dépenaillés ! quels gilets à franges piteuses ! — Il a joué M. le duc de Richelieu avec une livrée rouge ; il a mis des canons à Buridan, et coiffé le Dorante des *Fausses Confidences* d'un feutre Louis XIII à plume blanche.

Comment Cardénio arriva à Paris, nul ne peut le dire. Il venait de la Rochelle, de Libourne, de Grenelle, des pays les plus extravagants. Un jour, pris d'un saint enthousiasme pour ce Frédérick qui l'appelle son enfant aujourd'hui, il ose l'aborder dans les coulisses de la Porte-Saint-

Martin et solliciter humblement quelques conseils.

« Allez au diable! lui cria Frédérick avec cette voix emphatique et ces gestes de moulin à vent inspiré qui ne sont qu'à lui; qui est-ce qui m'a flanqué un pareil jocrisse? Voulez-vous bien filer! et plus vite que cela! »

Une demi-heure se passa dans ces récits, entrecoupés de bons éclats de rire. La cloche du théâtre avertit Cardénio que le rideau allait se relever. Cette fois, nous jugeâmes qu'il était de la convenance d'assister au troisième acte de *Rosita,* et nous nous mîmes en mesure de passer dans la salle.

Comme nous descendions l'escalier, nous entendîmes.....

Une voix *dans le lointain*. — Julien ! ver de terre ! crapaud ! vison fangeux ! Julien ! monteras-tu ?

LEURS CAFÉS.

J E viens de parler des cafés du boulevard. Ceux qui sont le plus spécialement fréquentés par les acteurs sont : le café de la Porte-Saint-Martin, le café de Suède et le café des Variétés.

Le café des Variétés surtout ; — pendant le mois de mai, les directeurs de province y viennent s'approvisionner de sujets.

C'est là, — entre un bock et un *tremblement*, — que s'ébauchent les engagements de toute sorte.

Le *tremblement* est une boisson particulière où le kirsch, le rhum et le vermout, — mêlés à d'autres liqueurs encore, — concourent à éloigner de l'esprit du consommateur toute idée de rafraîchissement.

On entend, quand on passe devant le café, des phrases comme celles-ci.

— Va voir Roux : il forme une troupe pour la Nouvelle-Calédonie.

— Mansteinn retourne au Havre; je viens de le rencontrer à la minute.

— Chamerlat a signé pour Lille.

— Et Panot?

— Panot est à Bordeaux, où il obtient des succès à tout casser; il a joué *Thérèse, ou l'Orpheline de Genève* au nouveau théâtre Napoléon.

On lui a jeté une couronne avec ces vers :

> Il est beau de la mériter
> Lorsque c'est Bordeaux qui la donne.

— Blanche d'Albi te dit bien des choses.

— A propos, Toscan m'a laissé son adresse pour toi.

— Belfort-Devaux ne m'offrait que deux cents francs ; j'ai préféré entrer à Batignolles.

— Où est Mutée ?

— Qui est-ce qui a vu Blanchereau ?

— Roger te demandait tout à l'heure ; il revient de Constantinople.

— Quatre cents francs et un bénéfice ; j'ai accepté.

— Parbleu !

— C'est la directrice qui se tient au contrôle.

— Tiens ! Pougaud ! Il a encore grandi ; qu'est-ce que tu veux prendre ?

— Dans le Nord ? J'y suis déjà allé avec Calabresi.

— Les étudiants de Toulouse m'ont porté en triomphe.

— *Marie-Jeanne* et *le Maître de chapelle*. C'était Marty qui faisait Marie Jeanne, et Delaunay-Ricquier le maître de chapelle.

— Bernard était tombé dans le rôle ; j'y ai été rappelé trois fois.

— Ma femme est à Perpignan ; j'ai reçu de ses nouvelles aujourd'hui. Les officiers lui ont fait des débuts magnifiques.

— Un rôle appris dans la nuit!
Dubar n'en revenait pas.

— J'irai te reporter demain matin les plumes que tu m'as prêtées pour mon chapeau Louis XIV.

— Jutard ne tiendra pas à Metz.

— Elle n'était donc pas mariée?

LEURS DIRECTEURS.

BAH! me dit tout à coup l'acteur Beaugency.....
Beaugency est un homme peu ordinaire, très-fin, ayant vu beaucoup et beaucoup retenu, et avec lequel je me plais souvent à causer. L'autre jour, je l'avais houspillé légèrement à propos des travers de sa caste.

« Bah! dit-il en haussant les

épaules, tous les traits sont épuisés contre nous. S'il y avait un nouveau *Roman comique* à écrire, ce ne pourrait être que le *Roman comique des directeurs de théâtre.*

— Des directeurs de théâtre ?

— Eh oui ! c'est une veine presque inconnue. Vous ne trouverez plus que là des types amusants et fantasques. Il y en a de prodigieux parmi eux, même depuis Harel et depuis Lireux ; quelques-uns ont donné à la réclame des proportions voisines du rêve ; ils ont bâti sur la curiosité et la badauderie parisiennes des monuments d'audace. — Avez-vous connu Nérestan ?

— Je me rappelle son passage à la direction du théâtre des Variétés, répondis-je ; ce fut bizarre, en effet. Il demandait à tout le monde l'adresse de son théâtre.....

— Pour n'y pas aller, ajouta Beaugency.

— Il donnait ses audiences au Café de Paris, afin d'avoir le droit de dire : « Ne parlons pas d'affaires à table ! » Naturellement il était inaccessible aux auteurs, qu'il regardait comme les ennemis jurés de son repos. Le vaudevilliste René Lordereau m'a raconté qu'après avoir épuisé tous les moyens pour obtenir de lui une lecture, il avait été forcé de se déguiser en badigeonneur et de s'aider d'une corde à nœuds pour s'introduire dans son cabinet.

—Ah oui ! s'écria le comédien Beaugency; c'était le temps où l'on faisait son chemin avec des paradoxes : « L'avenir est aux apathiques », disait un tel. « Pour faire un civet, prenez tout ce que vous voudrez, excepté un lièvre, » disait un autre. Et puis : « Un bienfait est toujours perdu. » Que sais-je encore ? La France s'ennuyait, selon le mot d'un homme d'État ; Nérestan fut un de ceux qui surent la divertir.

— Mais vint un jour où la France ne s'ennuya plus, objectai-je.

— Eh bien ! répliqua Beaugency, ce jour-là Nérestan passa de la direction du théâtre des Variétés à la direction bien autrement importante du théâtre de ***. Croyez-vous qu'il ne se hissa pas tout de suite à la hauteur de ce changement de position ? C'est un homme d'esprit et de toutes les sortes d'esprit. Nérestan réunit ses paradoxes en poche ; et il eût été, dans ce nouveau poste, le directeur le plus heureux de la création, s'il n'eût été continuellement la victime de son passé.

— En quoi, s'il vous plait? demandai-je au comédien Beaugency.

— Figurez-vous que ses pensionnaires, depuis le chef d'emploi jusqu'au dernier machiniste, s'obstinaient à ne voir en lui que le plaisant du temps de Louis-Philippe, un homme à la Romieu enfin. Vainement arrivait-il le premier au théâtre, surveillant tout par lui-même, lisant scrupuleusement les lettres qu'on lui adressait et y répondant (y répondant!); on restait incrédule, ou bien on se disait : « C'est une nouvelle mystification qu'il prépare. » Il ne manquait aucune répétition, mais cela ne lui servait pas à grand'chose; les musiciens écoutaient ses avis en riant d'un air qui semblait signifier : « Bon! bon! nous comprenons la plaisanterie! » Son cabinet demeurait ouvert à deux battants du matin au soir; mais personne n'y venait : on se méfiait toujours. Voulez-vous savoir jusqu'à quel point on poussait cette prévention à l'égard de Nérestan? Un jour un auteur entra, ou plutôt se précipita chez lui; il se laissa tomber sur un canapé, s'essuya le front, et dit : « Parbleu, mon cher, vous êtes introuvable! — Introuvable? répéta Nérestan; je ne bouge pas d'ici. — A d'autres! voilà trois mois que je vous cherche, au bois, à Bade, à Asnières; impossible de mettre la main sur vous. — Mais ici! ici!! ici!!! s'écria Nérestan exaspéré. — Vous moquez-vous? répliqua l'auteur; on sait bien vos façons d'agir! »

— Pauvre Nérestan! fis-je en souriant.

— Pauvre Nérestan, en effet. Il fallait le voir quand un de ses camarades l'arrêtait sur le boulevard. « Je suis pressé! » essayait de dire Nérestan. « Toi, pressé? s'écriait l'ami en éclatant de rire; ah! la bonne pose! » Et voilà Nérestan entraîné, cédant malgré lui à son ancienne et éternelle réputation. Une autre fois, c'était Siraudin qui lui disait : « Tu sais qu'on collationne demain, au foyer, les rôles de ma pièce ; tâche de t'y trouver, au moins pendant quelques minutes ; *cela fera bien.* — Quelle pièce? demandait Nérestan, effaré. — Je ne t'en ai point parlé, connaissant ta paresse, continuait Siraudin ; j'ai porté bonnement les rôles à la copie ; tout est distribué. Ne t'occupe de rien ; tu me remercieras une autre fois. »

Je hochai légèrement la tête.

« Beaugency, dis-je au comédien, n'exagérez-vous pas un peu?

— Croyez que je reste en deçà de la vérité, répondit-il ; je pourrais aisément vous en faire donner la preuve par Favier.

— Qu'est-ce que c'est que Favier?

— C'est un jeune homme que Nérestan avait engagé pour chanter les basses; il sortait du Conservatoire. Inquiet d'avoir pour directeur un homme de tant d'esprit et de tant d'originalité, Favier était allé en consultation auprès d'un des plus anciens amis de Nérestan. « Comment dois-je m'y prendre pour réussir auprès de mon directeur?» lui avait-il demandé. « C'est bien simple, avait répondu l'ami; Nérestan a en exécration tout ce qui lui rappelle ses devoirs; évitez avec soin les circonstances qui pourront lui faire apercevoir ou le faire souvenir que vous êtes un acteur; parlez-lui de n'importe quoi, pourvu que ce ne soit pas de votre profession.»

— Bon ! et qu'est-ce que fit Favier ?

— Favier se conforma scrupuleusement à ces instructions ; il haussait les épaules et ricanait en répétant ses rôles. Dans les coulisses, les soirs de représentation, il prenait Nérestan à part, et causait avec lui d'horlogerie, de peinture, de haras, de voiles pour la marine, jusqu'à ce que Nérestan, fatigué, le poussât en scène, en le suppliant de ne pas manquer son entrée. Une fois, Nérestan donna rendez-vous à Favier pour le lendemain, afin de lui confier un rôle important dans un opéra nouveau. Que pensez-vous que fit Favier ?

— Dame ! je ne vois pas....

— Favier arriva en costume de garçon pâtissier dans le cabinet de Nérestan, avec une toque blanche sur la tête et une tourte sur sa toque blanche. « Goûtez-moi cela ! » dit-il à son directeur. Nérestan en eut une attaque de nerfs.

LEURS PROFESSEURS.

On naît comédien, on devient acteur.

Dans la cavalerie, il faut six mois pour bien dire : « Cavaliers, en avant ! » Au théâtre, il faut un an pour scander correctement le songe d'*Athalie* ou le monologue de l'*Omelette fantastique.*

Il est presque absolument impossible, à moins d'être une organisation de génie, de se passer des leçons préparatoires d'un professeur. L'étude des longues et des brèves, des exigences de la respiration, des *temps*, des changements de ton, est indispensable à qui veut prendre la parole en public. « Comment fais-tu quand tu dis *u* ? » demande M. Jourdain à Nicole. Et M. Jourdain a raison de s'émerveiller de la science de son professeur de philosophie.

Ceux qui apprennent à dire *u* ont été, de tout temps, fort nombreux à Paris. Je ne parlerai pas des professeurs assermentés du faubourg Poissonnière, c'est une étude qui m'entraînerait trop loin. Je me contenterai de dire quelques mots des *professeurs en chambre*.

Le premier d'entre eux par l'âge est Ricourt, Achille Ricourt, le professeur déjà légendaire, l'ami de Janin, le prôneur de Ponsard. Ce prénom d'Achille n'a pas été sans influence sur sa destinée. Il a formé Bignon, à qui il a fait confier le rôle de Danton dans *Charlotte Corday* ; il a formé Mlle Stella Collas, de la Comédie-Française ; Mlle Méa, d'un peu partout ; — et, récemment, Mlle Agar, qui menace de nous ramener la tragédie dans les plis de sa tunique.

Boudeville est moins préoccupé de la tragédie que Ricourt ; il est plus mondain, plus tourné vers l'art moderne. — Henry Monnier a fait une spirituelle aquarelle de Boudeville dans le rôle de Labranche, de *Crispin rival de son maître :* la grande livrée, le tricorne sur l'oreille, la main gauche dans le gilet, un nez qui flaire les exempts à cent pas. Charles Boudeville excelle, en effet, dans les valets, les Figaros; c'est un des bons élèves du Conservatoire. A l'Odéon, on se souvient de sa création du villageois Jacquin dans *Grandeur et décadence de Joseph Prud'homme.* C'est à lui que M. Prud'homme disait sentencieusement : « Tous les hommes sont égaux ; il n'y a entre eux d'autres différences que celles de la nature. »

Il y a plusieurs années que Boudeville a quitté l'Odéon, pour des raisons étrangères au théâtre, et qu'il est devenu professeur, — accidentellement. Aujourd'hui il reste professeur, à cause du succès qui s'est attaché à son cours.

Boudeville fait une vive chasse à l'accent. Il a des phrases pour tous les vices de prononciation, des entrelacements de syllabes et de consonnes qui équivalent aux cailloux de Démosthènes, des essors d'*l* pour ceux qui grassayent, des mousquetades d'*r* pour ceux qui bégayent.

Oui, Mitrame, en secret l'ordre émané du trône
Remet entre ses bras Arsace à Babylone.

Ce sont deux vers de la *Sémiramis* de Voltaire. Lorsque le sujet est parvenu à les articuler aisément, on remplace l'*r* par *tede*, ce qui transforme ainsi le distique :

Oui, Mitedame, en sectedet l'otedede émané du tedone
Tedemet entede ses betedas Atedesace à Babylone.

Une variété du *javanais*, comme on voit.

Fortement secoués, ces deux vers pourraient encore servir à rincer les bouteilles.

Boudeville a pour les commençants des formules plus simples, telles que celle-ci :

« Trois gros rats dans trois grands trous rongeant trois gros fromages. »

Ou bien encore :

« Gros gras grain d'orge, quand te dégrosgrasgraind'orgeriseras-tu ? »

Il est enjoint à l'élève de murmurer ces paroles stupido-magiques à toute heure de la journée, pendant les repas, — où elles servent à activer la digestion, et jusque dans le sommeil.

THERMOMÈTRE DRAMATIQUE.

Incubation des poules. — Delaunay.

Chaleur de la Martinique. Taillade, Laferrière.

Essaim d'abeilles. — Hortense Schneider, Céline Montalant, Blanche Pierson, Desclauzaz, Massin.

Été moyen à Paris. — Lafontaine, Dumaine, Louise Périga.

Maturité du raisin. — Thiron, Laurent, Alexandre.

Chambre de malade. — Ponchard fils, Saint-Germain, Pierre Berton.

Serres chaudes. — Marie Laurent, Amélia Rousseil, Anaïs Fargueil, Duguerret.

Bonne chaleur des poêles. — Geoffroy, Félix, Coquelin.

Température moyenne. — Tisserant, Febvre, Arnould Plessy.

Orangers et myrtes. — Page.

L'huile d'olive se fige. — Duverger.

Glace. — Fromentin.

Congélation de l'eau et du lait. — Lacressonnière, Castellano, Dupuis.

Congélation du vin ordinaire. — Arnal.

Charriage des glaces sur la Seine. — Landrol.

Congélation de l'eau-de-vie. — Munié.

Saint-Pétersbourg. — Monrose.

5048. — Paris, impr. Jouaust, rue S.-Honoré, 338.

En vente

COCOTTES & PETITS CREVÉS
Par Ed. Siebecker.

JOURNAL & JOURNALISTES
Par Edm. Texier.

RESTAURATEURS & RESTAURÉS
Par Eugène Chavette.

Sous presse :

JOUEURS & FLOUÉS
Par Adrien Paul.

LE BOHÊME
Par G. Guillemot.

ARTISTES & RAPINS
Par Louis Leroy.

En préparation :

LE BOURSIER — LE COLLECTIONNEUR
LE PROFESSEUR — LE FILOU & L'AGENT
LE DÉCORÉ — LES ENFANTS
LA PARISIENNE — L'HOMME POLITIQUE
&. &. &.

Paris, imprimerie Jouaust, rue Saint-Honoré, 338.

www.ingramcontent.com/pod-product-compliance
Lightning Source LLC
Chambersburg PA
CBHW060205100426
42744CB00007B/1180